BEI GRIN MACHT SICH IHR WISSEN BEZAHLT

- Wir veröffentlichen Ihre Hausarbeit,
  Bachelor- und Masterarbeit

- Ihr eigenes eBook und Buch -
  weltweit in allen wichtigen Shops

- Verdienen Sie an jedem Verkauf

Jetzt bei www.GRIN.com hochladen und kostenlos publizieren

Motivation-Volition, Emotionsregulation sowie implizite und explizite Motive

Lisa Muller

Bibliografische Information der Deutschen Nationalbibliothek:

Die Deutsche Nationalbibliothek verzeichnet diese Publikation in der Deutschen Nationalbibliografie; detaillierte bibliografische Daten sind im Internet über http://dnb.d-nb.de abrufbar.

ISBN: 9783346614841
Dieses Buch ist auch als E-Book erhältlich.

Druck und Bindung: Books on Demand GmbH, Norderstedt Germany
Gedruckt auf säurefreiem Papier aus verantwortungsvollen Quellen

Das vorliegende Werk wurde sorgfältig erarbeitet. Dennoch übernehmen Autoren und Verlag für die Richtigkeit von Angaben, Hinweisen, Links und Ratschlägen sowie eventuelle Druckfehler keine Haftung.

Das Buch bei GRIN: https://www.grin.com/document/1182270

EINSENDEAUFGABE

abgegeben am 28.12.2021

SRH-Fernhochschule

Modul: Allgemeine Psychologie II

Studiengang: B. Sc. Psychologie

von

Lisa Muller

Abkürzungsverzeichnis

aktual.:	aktualisierte
bspw.:	beispielsweise
d.h.:	das heißt
erweit.:	erweiterte
fMRt:	funktionelle Magnetresonanztomographie
Hrsg.:	Herausgeber
PET:	Positronen-Emissions-Tomographie
TAT:	Thematischer Auffassungstest
u.a.:	unter anderem
Vgl.:	Vergleich
z.B.:	zum Beispiel

Teilaufgabe 1

1 Motivation und Volition

Oft nehmen sich Menschen etwas vor, gehen Wünschen oder Zielen nach und erreichen diese dann doch nicht. Dieses Versagen der Zielerreichung kann an mehreren Faktoren liegen: die Motivation das Ziel zu erreichen war nicht stark genug, da das Ziel nicht so wünschenswert ist als es anfangs erschien (*Selbsttäuschung*) oder die Person besitzt nicht die nötigen Fähigkeiten oder Ressourcen um in Konfliktsituationen klar zu kommen (*Selbstkontrolle*). Hierbei handelt es sich um ein alltägliches Problem für welches in der Volitionsforschung nach Lösungen gesucht wird. Bei volitionalen Prozessen geht es darum, die Realisierung der Ziele trotz Unterbrechungen, Konflikten oder Motivationstendenzen zu fördern.[1] In dieser Teilaufgabe wird anhand des von Heckhausen und Gollwitzer entwickeltem Rubikon-Modells die konzeptuelle Unterscheidung von *Motivation* (Zielwahl) und *Volition* (Zielrealisierung) erklärt. Außerdem wird diese Unterscheidung anhand eines Beispiels der von Kuhl entwickelten Handlungskontrollstrategien fundiert.[2]

1.1 Das Rubikon-Modell von Heckhausen und Gollwitzer

Der Übergang von der Zielwahl zur Zielrealisierung wird im Rubikon-Modell von Heckhausen und Gollwitzer (1987) verdeutlicht. Dieses Modell stellt schematisch vier zeitlich aufeinander folgende und voneinander abgrenzende Phasen des Handelns dar. Diese Abgrenzung bezieht sich auf die Notwendigkeit motivationale und volitionale Prozesse voneinander zu unterscheiden.[3] Das Modell wurde in Anlehnung an den zwischen Bologna und Rimini liegenden italienischen Fluss Rubico benannt, welcher in der Antike von Julius Cäsar überschritten wurde und damals als Zeichen des Beginns des Bürgerkrieges gegen Pompejus galt. Diese Metapher soll verdeutlichen, dass es nach dem Übergang in die nächste Phase kein Zurück mehr gibt, mit anderen Worten, es hat eine verbindliche Festlegung auf ein Ziel stattgefunden.[4] Die vier Phasen des Rubikon-Modells unterscheiden sich hinsichtlich ihrer Aufgaben die sich dem Handelnden stellen um zur nächsten Phase übergehen zu können. Es handelt sich demnach um ein *strukturfunktionales Modell*.[5]

In einer ersten Phase spricht man im Rubikon-Modell von der *prädezisionalen Motivationsphase*. Da die meisten Menschen eine hohe Anzahl an Wünsche haben, aber viele derer nicht realisiert

---

[1] Vgl. Goschke, 2017, S.264
[2] Vgl. Brandstätter, Schüler, Puca & Lozo, 2013, S.114
[3] Vgl. Heckhausen & Gollwitzer, 1987; zitiert nach Brandstätter et al., 2013, S.114
[4] Vgl. Kirchler & Walenta, 2010, S.40
[5] Vgl. Achtziger & Gollwitzer, 2010, S.310

werden können, bspw. aus zeitlichen Gründen oder weil sie zu schwierig zu erreichen sind, muss eine Auswahl getroffen werden. Deswegen spricht man hier vom *Abwägen*, da die jeweiligen Wünsche hinsichtlich ihrer Erreichbarkeit und Wünschbarkeit gegeneinander abgewogen werden (realitätsorientierte Bewusstseinslage). Bei dem Kriterium der *Erreichbarkeit* geht es um die Erwartung, dass das Handeln der Person zum Erfolg führen wird. Außerdem wird sich die Frage gestellt ob man die nötigen Mittel und die Zeit zur Verfügung hat um das Ziel zu erreichen. Die bereits erwähnte *Wünschbarkeit* geht der Frage nach inwiefern die kurz- oder langfristigen Konsequenzen des erreichten Wunsches positive oder negative Folgen für den Handelnden haben. Demnach kann ein Wunsch, welcher mit verlockenden Konsequenzen assoziiert wird jedoch als weniger wünschenswert erscheinen, wenn er mit einem übergeordneten Wunsch verglichen wird. So erscheint einem der Wunsch regelmäßig fein essen zu gehen weniger wünschenswert, wenn man ihn mit dem Ziel ein Haus zu kaufen abwägt. Je mehr der Handelnde mögliche Konsequenzen gegeneinander abgewogen hat, desto sicherer wird er in seiner Entscheidung der Auswahl eines bestimmten Wunsches. Neue Erkenntnisse über mögliche Konsequenzen schwächen ab und die sogenannte *Fazittendenz* (Tendenz zur Entscheidungsfindung) steigt. Mit dem Abschluss des Abwägens findet eine Umwandlung des Wunsches in ein klares Ziel statt (*Zielintention*). Dieser Übergang wird, wie bereits oben erwähnt wurde, als das Überschreiten des Rubikons bezeichnet. Die dabei entstandene Zielintention bringt ein Gefühl der Verpflichtung gegenüber des Ziels hervor es auch wirklich zu erreichen.[6]

In der *präaktionalen Volitionsphase* geht es um das *Planen* wann, wo und wie man eine Handlung durchführen möchte die zum gewünschten Ziel führen soll. So wird nach der Zielwahl die Intention gebildet dieses auch zu erreichen. Es handelt sich deswegen um eine volitionale Bewusstseinslage, da das motivationale Abwägen der Wünsche abgeschlossen wurde und jetzt die Realisierung des ausgewählten Ziels im Mittelpunkt steht. Volition bedeutet demnach, das bewusste und willentliche Planen und Umsetzen von Wünschen in Handlungen um das Ziel zu erreichen. Dabei kann es sich sowohl um Pläne handeln die bereits bekannt sind, bei denen es um routinierte Verhaltensweisen handelt oder aber um neue und noch nicht etablierte Verhaltensweisen über die man sich zunächst einmal einige Gedanken machen muss. Diese präaktionale Volitionsphase endet mit der *Fiattendenz* bei der jenes Ziel mit der stärksten Intention und der günstigsten Gelegenheit über in die aktionale Volitionsphase tritt.[7]

---

[6]Vgl. Deimann, 2007, S.74 ; Vgl. Gollwitzer, 1995, S.534-535; Vgl. Achtziger & Gollwitzer, 2010, S.310-311
[7]Vgl. Deimann, 2007, S.75 ; Vgl. Gollwitzer, 1995, S.535-536; Vgl. Achtziger & Gollwitzer, 2010, S.312

Die in der präaktionalen Phase gefassten Pläne werden nun versucht in die Tat umzusetzen. Demnach geht es in der *aktionalen Volitionsphase* um das *Handeln*. Dabei ist es wichtig, dass die geplanten Handlungsverläufe auch in Gegenwart von Komplikationen durchgeführt werden um zu einem erfolgreichen Realisieren des Ziels zu kommen (realisierungsorientierte Bewusstseinslage). Die Volitionsstärke des Wunsches spielt dabei eine wichtige Rolle, denn sie bestimmt die Bereitschaft zur Anstrengung um das geplante Handeln durchzuziehen. So fördern Handlungsunterbrechungen eine Steigerung der Anstrengung, da der Handelnde immer wieder die Kraft aufbringen muss um die Handlung wiederaufzunehmen um sein Ziel zu erreichen.[8]

Mit dem Übergang in die *postaktionale Handlungsphase* findet erneut ein Wechsel der Bewusstseinslage in eine motivationale Aufgabe statt (realitätsorientierte Bewusstseinslage). Nach Abschluss der aktionalen Volitionsphase wird überprüft ob die Realisierung des Ziels erfolgreich war oder nicht. Es findet demnach eine *Bewertung* des Resultats statt. Die Bewertung findet jedoch nicht nur rückwirkend statt, sondern kann auch bei der Wahl zukünftiger Handlungsverfahren helfen. Wurde das Ziel zufriedenstellend erreicht findet eine Deaktivierung des Ziels statt. Ist dies jedoch nicht der Fall, kann eine Senkung des Anspruchsniveaus zur Deaktivierung des Ziels führen oder das aktuelle Anspruchsniveau wird beibehalten jedoch werden neue Handlungsverfahren ausgearbeitet um das gewünschte Ziel doch noch zu erreichen.[9]

1.2 Die Handlungskontrollstrategien von Kuhl

Das Modell der Handlungskontrolle wurde von Julius Kuhl (1983) entwickelt und dient der Aufrechterhaltung der gewählten Intention und der Umsetzung schwieriger Handlungen. So können zur Unterstützung der gefährdeten Motivation vermittelnde Strategien der Handlungskontrolle hinzugezogen werden, damit die Handlung erfolgreich abgeschlossen werden kann. Daraus schließt sich, dass motivationale Abläufe alleine nicht ausreichend sind. Eine übergeordnete *volitionale Kontrolle* (*Selbstkontrolle*) spielt eine wichtige Rolle zur Durchsetzung einer Handlung um das gewünschte Ziel zu erreichen. Die Rede ist hier von sogenannten *Handlungskontrollstrategien*, welche beim Auftreten von Komplikationen bei der Handlungsausführung verwendet werden können und welche im folgenden Abschnitt anhand des Beispiels einer Person auf Diät kurz erläutert werden:[10]

---

[8]Vgl. Achtziger & Gollwitzer, 2010, S.312-313
[9]Vgl. Achtziger & Gollwitzer, 2010, S.313; Vgl. Gollwitzer, 1995, S.536-537
[10]Vgl. Goschke, 2017, S.267; Vgl. Kuhl, 1983; zitiert nach Brandstätter et al.., 2013, S.118-119

- *Aufmerksamkeitskontrolle*: Die wichtigste und grundlegendste Selbstkontrollstrategie fordert eine Lenkung der Aufmerksamkeit auf ausschließlich die Informationen die für die Zielrealisierung nützlich sind.[11] So sollte eine Person die abnehmen möchte seine Aufmerksamkeit auf Gleichgesinnte lenken, damit sie sich gegenseitig unterstützen können. Auch können Bücher oder Videos zum Thema Abnehmen oder gesunde Ernährung eine unterstützende Variabel darstellen.

- *Motivationskontrolle*: Bei der Motivationskontrolle hält man sich die positiven Anreize eines langfristigen Zieles vor Augen. Anreize kurzfristiger Belohnungen versucht man dagegen auszublenden.[12] Demnach könnte sich der Handelnde auf das Gefühl konzentrieren, welches er empfinden wird, wenn er endlich sein Wunschgewicht erreicht hat und wieder in seine Lieblingshose passt. Weniger prägnant wäre es sich nur auf die wöchentlichen Erfolge auf der Waage zu fokussieren.

- *Emotionskontrolle*: In der Emotionskontrolle versucht sich der Handelnde in eine für die Zielrealisierung förderliche Emotionslage zu versetzen. Dabei gilt es besonders bei Misserfolgserlebnissen die daraus entstehenden negativen Emotionen zu bewältigen um besser gewappnet zu sein für die nächste Aufgabe.[13] Sollte es vorkommen, dass der Handelnde mehrere Wochen kaum Resultate auf der Waage feststellt, so sollte er sich dadurch nicht zu sehr demotivieren lassen. Die damit andauernden negativen Emotionen würden dazu führen, dass die Person seine Diät vernachlässigt, zu viel isst oder zu ungesund und sich kaum noch zum Sport machen überredet bekommt. Die Konsequenz wäre folglich, dass der Handelnde wieder in alte Muster verfällt und wieder zunimmt.

- *Handlungsorientierte Bewältigung von Misserfolgen*: Hier geht es darum von unerreichten Zielen Abstand zu nehmen.[14] Dabei sollte der Handelnde seine Enttäuschung über eine Gewichtszunahme bspw. durch eine angenehme Aktivität wieder ausgleichen (z.B. mit Freunden treffen, Lieblingsfilm anschauen, gute Musik).

- *Umweltkontrolle*: Die Umweltkontrolle setzt voraus, dass zur Realisierung einer Aufgabe förderliche Bedingungen in der Umwelt geschaffen werden.[15] Ein Haushalt voller Süßigkeiten repräsentiert keine ideale Umgebung für eine Person die abnehmen möchte, da sie dadurch stets in Versuchung geraten könnte diese zu essen.

- *Entscheidungskontrolle*: Da ein übermäßiges Abwägen von Handlungsalternativen die Zielrealisierung hinauszögert, sorgt die Entscheidungskontrolle mit der Anwendung von

[11]Vgl. Goschke, 2017, S.268
[12]Vgl. Goschke, 2017, S.268
[13]Vgl. Heinze, 2018, S.29
[14]Vgl. Deimann, 2007, S.86
[15]Vgl. Heinze, 2018, S.29-30

„Stopp-Regeln" für einen Abbruch eines zu langen Abwägens.[16] Erhält der Handelnde eine Einladung um in eine Fast-Food-Kette essen zu gehen, so sollte er diese sofort absagen, weil er dort zu sehr in Versuchung gerät ungesundes Essen zu bestellen.

Teilaufgabe 2

2. Emotionen und Emotionsregulation

2.1 Definition und Klassifikation

Emotionen begleiten jeden Menschen durch den Alltag. Sie sind fester Bestandteil eines Menschen, denn jeder Mensch empfindet etwas, sei es Freude, Wut oder Trauer. Trotzdem ist es den Forscher der Emotionspsychologie bis heute nicht gelungen sich über eine allgemeine Definition zu einigen. Der Begriff „Emotion" leitet sich aus dem lateinischen Wort *„emovere"* her und bedeutet „heraus bewegen" oder auch „erregen". Die wohl bekannteste Definition ist die Arbeitsdefinition von Kleinginna und Kleinginna (1981) in der Emotionen als subjektiv erfahrbare und objektiv erfassbare Komponenten beschrieben werden, welche dem Organismus ermöglichen sich an bestimmte Situationen anzupassen.[17] Dabei gehören zu der subjektiven Komponente die Gefühle die den Körper in Erregung oder in Beruhigung versetzen. Zu der objektiven Komponente zählen die kognitiven Prozesse, d.h. die Beurteilung der Emotion und die körperlichen Reaktionen darauf. Befindet sich der Mensch bspw. in einer bedrohlichen Situation und empfindet daher Angst, reagieren unser vegetatives Nervensystem und die Organsysteme darauf indem sie die Herzfrequenz erhöhen, die Blutgefäße erweitern und die Schweißdrüsen aktivieren um den Organismus so auf eine mögliche Flucht vorzubereiten.[18] Daraus lässt sich schließen, dass Emotionen ein mehrdimensionales Geschehen sind, da sie als körperlichen Zustand, als seelisches Empfinden oder als Denken und Handeln bestimmendes Phänomen wahrgenommen werden können.[19]

Diese Arbeitsdefinition ermöglicht somit auch eine Abgrenzung zu verwandten Konzepten um zu verhindern, dass Emotionen mit diesen gleichgestellt werden. Emotionen unterscheiden sich nämlich von anderen Konzepten anhand von ihrer affektiven Reaktion (Affektivität) gegenüber einem Objekt (Intentionalität), welche zeitlich befristet (zeitliche Dynamik) ist. *Stimmungen* sind

---

[16]Vgl. Deimann, 2007, S.86
[17]Vgl. Kleinginna & Kleinginna, 1981; zitiert nach Brandstätter et al., 2013, S.130
[18]Vgl. Brandstätter et al., 2013, S.130
[19]Vgl. Hülshoff, 2012, S.13

bspw. positive oder negative Gefühlszustände die sich nicht an ein Bezugsobjekt richten und meist von längerer Dauer sind. Ein anderes Konzept sind *emotionale Dispositionen*, welche als zeitübergreifende Persönlichkeitseigenschaften angesehen werden die sich nicht spezifisch auf ein Objekt beziehen, sondern eher einen allgemeinen Objektbezug haben. Eine Person mit der Charaktereigenschaft einer hohen Reizbarkeit wird grundsätzlich schnell gereizt auf Geschehnisse reagieren. Eine *Einstellung* unterscheidet sich gegenüber einer Emotion, indem sie eine relativ zeitstabile positive oder negative Bewertung gegenüber einem Objekt hat, z.B. Vorurteile gegenüber Frauen. Ein weiterer Begriff den es zu unterscheiden gilt ist die *Motivation*. Hier geht es um ein Bezugsobjekt welches stets in der Zukunft liegt. Es wird ein bestimmter Zielzustand angestrebt. Emotionen dagegen können auch auftreten, wenn bspw. an vergangene Erfolge zurückgedacht wird.[20]

2.2 Emotionskomponenten

Wie bereits oben erwähnt wurde, handelt es sich bei Emotionen um ein mehrdimensionales Konstrukt, welches ermöglicht unterschiedliche Facetten der Emotionen zu untersuchen. In den folgenden Abschnitten wird näher auf dessen einzelnen Komponenten eingegangen.[21]

- *Kognitive Komponente*: Beim Erleben von Gefühlen werden meist auf Grund von subjektiven Erfahrungen bestimmte Gedanken aktiviert. Hier ist die Rede der kognitiven Komponente. Sie lenken die Aufmerksamkeit auf eine Situation die bestimmte kognitive Ressourcen benötigt um sie zu bewältigen und ermöglichen den Zugriff auf notwendige Informationen im Gedächtnis.[22] Umgekehrt kann die negative oder positive Bewertung eines Ereignisses beeinflussen, welche Emotionen empfunden werden. Kognitive Prozesse haben demnach Einfluss auf das emotionale Bewerten einer Situation. Am Beispiel einer guten Note in der Klausur kann der Erfolg auf die eigene Leistung zurückgeführt werden (Stolz), auf die Hilfe des Klassenkameraden (Dankbarkeit) oder der einfachen Aufgaben geschuldet sein (Erleichterung). Diese kognitiven Prozesse müssen einer Person nicht zwingend bewusst sein.[23]
- *Physiologische Komponente*: Emotionen lassen sich zudem durch eine körperliche Komponente kennzeichnen. Je nach Bewertung einer Situation, kann emotionales Befinden zu einer Veränderung der Tätigkeit des autonomen Nervensystems führen.

[20]Vgl. Eder & Brosch, 2017, S.188
[21]Vgl. Rothermund & Eder, 2011, S.170
[22]Vgl. Rothermund & Eder, 2011, S.170
[23]Vgl. Eder & Brosch, 2017, S.189

Empfindet eine Person bspw. Angst führt diese Emotion dazu, dass der Organismus sich auf eine bedrohliche Situation einstellt. So wird die Herzschlagfrequenz erhöht, die Atmung wird flacher, die Pupillen erweitern sich und die Blasen- und Darmfunktionen werden gehemmt um den Körper auf eine mögliche Flucht vorzubereiten. Diese emotionale Erregung führt jedoch nicht nur auf peripherem, sondern auch auf zentralnervösem Wege zu Veränderungen. Dank der heutigen modernen bildgebenden Verfahren (PET, fMRT) kann emotionale Erregung ebenfalls im Gehirn im Bereich der Amygdala und des Cortex veranschaulicht werden.[24]

- *Motivationale Komponente*: Emotionen werden oft als Verhaltensstrategien die sich größtenteils evolutionsgeschichtlich heraus entwickelt haben bezeichnet. Mit anderen Worten: Emotionen führen zu einem überlebensförderlichem Verhalten. Empfindet die Person bspw. Angst und Respekt vor einer bestimmten Situation, wird sie vorsichtig handeln um sich nicht in Lebensgefahr zu begehen.[25]

- *Expressive Komponente*: Die Emotionen der Menschen lassen sich in der Regel durch Mimik, Haltung und Stimme ablesen. Durch kulturvergleichende Studien wurde herausgefunden, dass der Gesichtsausdruck bei Furcht, Ärger, Überraschung, Freude, Traurigkeit und Ekel universell erkannt werden, d.h. trotz unterschiedlich kultureller Herkunft drücken sich Emotionen in der Mimik bei jedem Menschen gleich aus. Deswegen, und auch weil blind-geborene Kinder dieselben emotionalen Gesichtsausdrücke zeigen, wird angenommen, dass es sich um angeborene Basisemotionen handelt. Umgekehrt können mimische Ausdrücke bestimmte Emotionen hervorbringen wie es die *Facial-Feedback-Hypothese* bewiesen hat. Ein Stift zwischen den Zähnen führt zu einer Lächelstellung des Mundes und gleichzeitig zu besserer Laune.[26]

- *Subjektive Komponente*: Für die subjektive Komponente oder auch Erlebniskomponente genannt, wird oft auch das Wort „Gefühl" als Synonym benutzt. Da das Emotionserleben als subjektiv angesehen wird, kann sie demnach nicht objektiv gemessen werden. Denn nur die Person selbst, weiß mit Sicherheit was sie gerade fühlt. Um dies in Erfahrung zu bringen, müssen die Personen befragt werden können z.B. durch Interviews oder Ratings, was bei Säuglingen nicht möglich ist und sich auch bei Kleinkindern schwierig gestaltet, da das Sprachvokabular noch nicht genügend beherrscht wird. Ebenso können

---

[24]Vgl. Frenzel & Stephens, 2020, S.20; Vgl. Rothermund & Eder, 2011, S.170-171
[25]Vgl. Frenzel & Stephens, 2020, S.22
[26]Vgl. Rothermund & Eder, 2011, S.172

die Äußerungen verfälscht sein, wenn sich die befragte Person bspw. für ihre Gefühle schämt.[27]

2.3 Entstehung von Emotionen

Nach der Emotionstheorie haben sich verschiedene Emotionen aus der Menschheitsgeschichte heraus entwickelt. In einer lebensbedrohlichen Situation führt die Angst dazu, dass der Mensch die Flucht ergreift. Diese Verhaltensreaktion wurde von unseren Vorfahren übernommen um zu überleben. Folglich sind Emotionen bereits angeboren und genetisch bedingt. Jeder Mensch reagiert auf die gleiche Weise auf eine bestimmte Emotion. Dies wird von Charles Darwins (1872) *Evolutionstheorie* hergeleitet, die von dem biologischen Ansatz ausgeht, dass Umwelterlebnisse zur Entwicklung bestimmter Emotionen führen, welche automatische Handlungsweisen bewirken, die dazu dienen das Überleben zu sichern. Robert Plutchick entwickelte 1991 ein Modell, welches von acht sogenannten Basisemotionen ausging. Die in der Mitte des kreisförmigen Modells liegenden Basisemotionen liegen der Ähnlichkeit nach nebeneinander. Gegensätzliche Emotionen wie Freude und Trauer liegen einander gegenüber. Zudem unterscheidet Plutchick Emotionen der Intensität nach voneinander. Vom inneren Ring des Kreises nimmt die Intensität der Emotion nach außen hin etappenweise ab, bspw. von der Ekstase (innen) über die Freude (Mitte) zur Gelassenheit (außen). Desweitern beinhaltet das Modell noch Sekundäremotionen, welche zwischen den Basisemotionen liegen und aus einer Zweierbeziehung dieser herleiten. So entwickelt sich aus Freude und Vertrauen die Emotion Liebe. Der Forscher Paul Ekman legte den Fokus seiner Forschung auf die nonverbale Kommunikation der Emotionen. Er untersuchte die Mimik der Menschen bei den verschiedenen Emotionen und legte sich auf sieben Basisemotionen fest: Freude, Überraschung, Ärger, Ekel, Furcht, Trauer und Verachtung. Er kam zu dem Schluss, dass diesen Basisemotionen bei allen Menschen, unabhängig von Geschlecht und kulturellem oder ethnischem Hintergrund, fast ausschließlich die gleiche Mimik zugrunde liegt.[28]

Der Frage nach wie Emotionen entstehen, geht die *James-Lange-Theorie* davon aus, dass die Wahrnehmung körperlicher Veränderungen als Grundlage für emotionales Erleben dient. Das Erleben von Angst führt dazu, dass der Organismus u.a. mit einem Herzklopfen und Schweißausbrüche auf die Emotion reagiert. Diese körperliche Reaktion wird von der Person als Emotion, als ein Gefühl, wahrgenommen. Demnach schreien wir nicht, weil wir wütend sind,

---

[27]Vgl. Brandstätter et al., 2013, S.133
[28]Vgl. Hoffmann & Payam, 2016, S.58-60

sondern wir sind wütend, weil wir das Bedürfnis verspüren zu schreien. Man fühlt, nachdem der Körper reagiert hat. Auf einen Reiz führt eine körperliche Reaktion, welche anschließend wahrgenommen und als Emotion empfunden wird. Diese Theorie wurde nach dem amerikanischen Psychologen William James (1884) und dem dänischen Physiologen Carl Georg Lange (1885) benannt.[29]

Der ehemalige Student von James, Walter Cannon (1927), widersprach der James-Lange-Theorie und vertrat die Meinung, dass physiologisches Erleben irrelevant für emotionales Erleben sei. Um seine Kritik zu verstärken, führte er Experimente an Tieren durch. Den Versuchstieren wurde ihr viszerales System operativ vom Zentralnervensystem abgetrennt, woraufhin die Wissenschaftler feststellten, dass trotz der Durchtrennung die Tiere immer noch emotionale Reaktionen aufzeigten. Außerdem seien die körperlichen Veränderungen zu langsam um in Sekundenschnelle bestimmte Emotionen auszulösen. Der Physiologe Philip Bard unterstützte die Kritik an der James-Lange-Theorie und behauptete zusätzlich, dass ein emotionsstimulierender Reiz zwei Effekte gleichzeitig auslöst: das Verhalten gesteuert durch das sympathische Nervensystem und das emotionale Verhalten durch den Cortex. Beide Effekte bedingen nicht einander. Daraus entstand schließlich die *Cannon-Bard-Theorie*, welche davon ausgeht, dass körperliche und psychische Reaktionen voneinander unabhängig sind.[30]

Kognitive Emotionstheorien richten sich nach der Annahme, dass eine Emotion das Ergebnis einer kognitiven Bewertung einer Situation ist. Folglich ob und welche Emotion und in welcher Intensität sie bei einer Person auftaucht, hängt davon ab, wie diese die Situation interpretiert. Lazarus (1991) bezeichnete diese Theorien als *Appraisal-Theorien*.[31] Lazarus betont weiter, dass die Bewertung oft unbewusst erfolgt aufgrund vergangener Erfahrungen mit ähnlichen Situationen.[32]

Stanley Schachter (1964) entwickelte die *Zwei-Faktoren-Theorie* der Emotion um den Zusammenhang zwischen Physiologie und Kognition besser erklären zu können. Laut dieser Theorie ist der Faktor des physiologischen Empfindens nicht ausreichend genug um die Entstehung einer Emotion erklären zu können. Man benötigt einen zweiten Faktor, nämlich die subjektive Wahrnehmung der erregungsauslösenden Situation. Beide Faktoren sind notwendig für das Auftreten einer Emotion. Anders als bei der biologischen Emotionstheorie findet hier ein Attributionsprozess statt. Das Erscheinen eines Hundes kann bei zwei Personen zwar die gleiche

---

[29]Vgl. Rothermund & Eder, 2011, S.184-185; Vgl. Gerrig, 2018, S.442-443
[30]Vgl. Gerrig, 2018, S.443
[31]Vgl. Lazarus, 1991; zitiert nach Rothermund & Eder, 2011, S.187
[32]Vgl. Gerrig, 2018, S.444

körperliche Erregung hervorrufen, wie z.B. Herzklopfen, dies jedoch aus zwei verschiedenen Gründen. Eine Person kann das Herzklopfen auf die Emotion Angst assoziieren, jemand anderes glaubt dagegen Freude zu empfinden.[33]

2.4 Emotionsregulation in der Arbeitswelt

Nun ist es nicht immer von Vorteil seinen Emotionen freien Lauf zu lassen. Auf der Arbeit bspw. verlangt man einen kontrollierten Umgang mit den eigenen Emotionen. Daher bedienen sich die Menschen täglich einer Emotionsregulation, d.h. sie nehmen aktiv Einfluss auf ihre Emotionen. Dazu gehört unerwünschte Emotionen zu unterdrücken, aber auch positive Emotionen zu intensivieren. Es handelt sich um einen Prozess der von Gross (2002) entwickelt wurde, welcher es ermöglicht den affektiven Zustand zu beeinflussen, wann wir welche Emotionen haben und wie wir diese erleben und ausdrücken.[34] Diese emotionsregulierende Prozesse können hierbei automatisch (unbewusst) oder kontrolliert (bewusst) ablaufen. Außerdem findet eine Unterscheidung im zeitlichen Verlauf der Emotionsentstehung statt: Die Rede ist zum einen von *antezedensfokussierter Emotionsregulation*, wenn die Regulationsstrategien bereits früh im Prozess der Entstehung der Emotion eingesetzt werden können. Dabei findet eine aktive Kontrolle der Situations- und Gedankenselektion statt, damit negative Emotionen sich gar nicht erst entfalten können. Zum anderen spricht man von der *reaktionsfokussierten Emotionsregulation*, die eine Veränderung der Reaktion zu einem späteren Zeitpunkt der Emotionsentstehung anstrebt.[35]

Menschen regulieren Emotionen entweder aus hedonistischen Gründen um das eigene Empfinden zu optimieren oder aus sozialen Gründen. Bezüglich der sozialen Gründe können drei verschiedene Motive unterschieden werden:

- Das „Impression Management" wird angewandt um eine unangemessene Emotion zu unterdrücken um somit einen negativen Eindruck bei einer anderen Person zu vermeiden.
- Das prosoziale Motiv dient dazu andere Personen zufriedenzustellen oder zu schützen.
- Das Motiv der sozialen Kontrolle dient der Manipulation der Emotionen anderer um zu erlangen, was man sich wünscht.[36]

---

[33]Vgl. Hoffmann & Payam, 2016, S.62-63; Vgl. Schachter, 1964; zitiert nach Gerrig, 2018, S.444
[34]Vgl. Gross, 2002; zitiert nach Brandstätter et al., 2013, S.175
[35]Vgl. Brandstätter et al., 2013, S.180-182
[36]Vgl. Brandstätter et al., 2013, S.176

In der Arbeitswelt ist Emotionsregulation fast schon als eine Arbeitsanforderung anzusehen. Hochschild (1983) entwickelte daher den Begriff *Emotionsarbeit*.[37] Dabei werden Emotionen bewusst herbeigeführt oder unterdrückt um ein bestimmtes Erscheinungsbild dem Gegenüber, sei es Mitarbeiter, Patient oder Kunde, zu vermitteln. Die Emotionsarbeit kann in zwei Strategien unterteilt werden:

- Beim „*surface acting*" unterdrückt man den Ausdruck der Emotion, das subjektive Empfinden findet jedoch statt. Die Angestellte lächelt freundlich und hilft dem Kunden, ärgert sich aber innerlich, dass der Kunde so unfreundlich ihr gegenüber ist.

- Beim „*deep acting*" findet eine Regulationsstrategie statt: Am vorherigen Beispiel würde die Angestellte weder ihren Ärger zum Ausdruck bringen, noch ihn subjektiv Empfinden, da es sich um eine tägliche Situation handelt an welche sich die Angestellte gewöhnt hat. Folglich wird die negative Emotion von Anfang an unterdrückt und neubewertet, so dass der Emotionsausdruck mit der subjektiven Wahrnehmung übereinstimmt.

Gelingt einem die Kontrolle der Gefühle nicht, muss man mit negativen Konsequenzen am Arbeitsplatz rechnen. Folglich kann der Arbeitnehmer entlassen oder abgestuft werden oder erhält die bereits in Aussicht stehende Beförderung nicht.[38]

Teilaufgabe 3

3. Implizite und explizite Motive

Motivation gilt als ein Prozess bei dem ein zielgerichtetes Verhalten solange aufrecht erhalten wird bis das Ziel erreicht wurde. Dabei kann das Handlungsverhalten "von außen her" (extrinsisch) oder "von innen her" (intrinsisch) motiviert sein. Extrinsisch motiviertes Verhalten erfolgt, weil nach der Realisierung des Ziels eine Belohnung folgt. Intrinsisch motiviertes Verhalten ist die Ausführung der Tätigkeit um ihrer selbst Willen.[39]

3.1 Unterscheidungsmerkmale impliziter und expliziter Motive

Implizite und explizite Motive sind zwei voneinander unabhängige Motivationssysteme. In der menschlichen Evolution gab es implizite Motive bereits bevor es explizite Motive gab. Implizite

---

[37]Vgl. Hoschild, 1983; zitiert nach Brandstätter et al., 2013, S.178-179
[38]Vgl. Brandstätter et al., 2013, S.178-179
[39]Vgl. Kirchler & Walenta, 2010, S.9+12

Motive entwickeln sich in der vorsprachlichen Kindheit als Ergebnis affektiver Erfahrungen. Ein Leistungsmotiv eines Kleinkindes wäre z.B. das Erreichen eines Spielzeugs durch Krabbeln. Implizite Motive werden daher auch als affektgesteuerte Bedürfnisse bezeichnet, welche einer Person unbewusst sind. Daher können sie nicht mittels Selbstbericht (Fragebogen) als Messverfahren aufgedeckt werden. Benötigt wird ein indirektes Verfahren, welches affektnah ist und bewusste Kognitionen ausschließt. Hierfür ist die Methode des Thematischen Auffassungstest "TAT" (Bildgeschichtenübung) von Nutzen. Intrinsische Motive werden ihrer selbst willen ausgeführt und nicht um Belohnungen oder soziale Anerkennung zu erlangen. Die Tätigkeit selbst ist der eigene Antrieb.[40] Das völlige Aufgehen in einer Tätigkeit selbst bezeichnete Csikszentmihakyi (1975) als "Flow-Effekt". Dabei konzentriert sich die Person ausschließlich auf die Tätigkeit selbst, dass sie sich selbst und ihre Umwelt kaum mehr wahrnimmt.[41] Desweiteren behauptet McClelland (1980), dass implizite Motive operantes Verhalten voraussagen, d.h. dass das Verhalten spontan, ohne große Überlegung, und aus der Eigeninitiative heraus, wiederholt und über längere Zeit ausgeführt wird.[42]

Explizite Motive entwickeln sich später in der Kindheit durch sprachliche Interaktion mit dem sozialen Umfeld. Diese Motive beziehen sich auf kognitive Bedürfnisse, da sie durch soziale Normen und Erwartungen des Umfelds erlernt werden. Explizite Motive tragen zum Aufbau des Selbstkonzepts bei durch bewusste Selbstzuschreibungen. Sie können durch direkte Messmethoden über Selbstberichte mittels Fragebögen erfasst werden. Explizite Motive sagen respondentes Verhalten vorher, d.h. ein Verhalten in klar strukturierten Situationen wobei dieses bewusst abgewogen ist und mit dem Selbstbild abgeglichen wird. Dabei handelt es sich um Reaktionen auf äußere Faktoren, wie u.a. Erwartungen der Eltern. Folglich werden explizite Motive durch externe Anreize angeregt.[43]

3.2 Zusammenspiel von impliziten und expliziten Motiven

Implizite und explizite Motive sind zwei voneinander unabhängige Motivsysteme, die jedoch miteinander agieren. Implizite Motive haben einen energetisierenden Charakter, wohingegen explizite Motive einen steuernden Charakter haben. Die Ziele und der Ausprägungsgrad beider Motivsysteme können entweder kongruent oder inkongruent sein, mit anderen Worten sich

[40] Vgl. Brandstätter et al., 2013, S.67-68
[41] Vgl. Csikszentmihalyi, 1975; zitiert nach Kirchler & Walenta, 2010, S.13-14
[42] Vgl. McClelland, 1980; zitiert nach Brunstein, 2010, S.241
[43] Vgl. Brandstätter et al., 2013, S.68-69; Vgl. Puca & Schüler, 2017, S.232

gegenseitig fördern oder hemmen. Daraus schließen sich die beiden Begriffe Motivkongruenz und Motivinkongruenz, welche in den folgenden Abschnitten näher erläutert werden.[44]

3.2.1 Motivkongruenz und Motivinkongruenz

Brandstätter et al. spricht in diesem Kontext von einem Vier-Felder-Schema mit zwei Motivkongruenztypen und zwei Motivinkongruenztypen:

Der Motivkongruenztyp 1 repräsentiert eine niedrige Ausprägung im impliziten und expliziten Motiv. Hinsichtlich ihrer Motive ist dieser Kongruenztyp konfliktfrei da die Motive miteinander koalieren. Es handelt sich um Personen, die nicht nach einem bestimmten Anspruchsniveau streben um sich kompetent zu fühlen. Eine hohe Leistungsorientierung spielt für sie keine Rolle im Rahmen ihres Selbstkonzepts.Der Motivkongruenztyp 2 hat eine starke Ausprägung in beiden Motivtypen. Sie koalieren im Sinne eines optimalen Ergebnisses des gemeinsamen Ziels. Im Gegensatz zum Motivkongruenztyp 1 wird hier wieder am Beispiel des Leistungsmotivs durch das explizite Motiv eine anspruchsvolles Ziel gesetzt, deren Erfüllung durch das Erleben von Kompetenz und Erfolg zu einem befriedigten impliziten Motiv führt.[45]

Demgegenüber stehen der Motivinkongruenztyp 1 und 2. Der Motivinkongruenztyp 1 hat das Problem, dass eine hohe Ausprägung des impliziten Motivs nicht mit der niedrigen Ausprägung des expliziten Motivs koaliert. Es entsteht ein innerer Konflikt der sich oft an Aussagen wie *„Ich habe das Gefühl nicht so zu handeln, wie ich wirklich bin."* erkennen lässt. Wenn sich jemand z.B. nach einer herausfordernden Aufgabe sehnt um sein Leistungsmotiv zu befriedigen, die Person jedoch nicht die nötige Motivation besitzt die Aufgabe zu erfüllen, führt dies zu Motivinkongruenz. Der Motivinkongruenztyp 2 kennzeichnet sich durch ein hohes explizites Motiv und einem niedrigem impliziten Motiv. Eine Person setzt sich hohe Leistungsziele um soziale Anerkennung zu erlangen, jedoch besitzt sie nicht die nötige Motivation regelmäßig ins Training zu gehen. Folglich steht die Person dauerhaft unter Druck die Energie aufzubringen die benötigt wird um das Ziel zu erreichen. Betroffene Personen sagen oft Sätze wie *„Ich muss mich überwinden, die Tätigkeit anzugehen."*[46]

---

[44]Vgl. Brunstein, 2010, S.249; Vgl. Brandstätter et al., 2013, S.
[45]Vgl. Brandstätter et al., 2013, S.73
[46]Vgl. Brandstätter et al., 2013, S.73

Brandstätter et al. erklärt zusammenfassend, dass Motivinkongruenz die Ressourcen der Willenskraft und emotionales Befinden mindert, wohingegen Motivkongruenz zu emotionalen Wohlbefinden und hoher Lebenszufriedenheit führt.[47]

3.2.2 Folgen von Motivinkongruenz

Bleibt Motivinkongruenz über längeren Zeitraum bestehen, hat dies negative Folgen auf die Gesundheit des Menschen. Brandstätter et al. spricht diesbezüglich von einem inneren Konflikt zwischen impliziten Motiven und expliziten Lebenszielen der als "hidden stressor" dauerhaft im Hintergrund des Bewusstseins wirkt. Dieser Stressor beeinträchtigt sowohl die Handlungsausführung als auch das emotionale und körperliche Wohlbefinden.[48] Eine Studie von Brunstein et al. konnte dies feststellen indem sie das emotionale Wohlbefinden von Studenten über Monate hinweg analysierten. Hierfür wurden mit einem TAT die Stärke ihrer impliziten Wirkungs- und Bindungsmotive erfasst. Während dieser Zeit machten die Studenten regelmäßig Angaben zu ihrer emotionalen Lage mit Hilfe von Skalen. Die Resultate der Studie lassen sich wie folgt zusammenfassen:

- Strebten die Studenten Ziele an die zu ihren eigenen Motiven passten, fiel ihr emotionales Befinden besser aus. Ein Beispiel wäre wenn eine Person, welche ein hohes Anschlussmotiv besitzt, folglich auch Anschlussziele verfolgt, wie z.B. bestehende Beziehungen weiter zu vertiefen.
- Wurden jedoch Ziele verfolgt die nicht zur Erfüllung ihrer impliziten Motive dienten, sank das Wohlbefinden wieder ab. Dies ist bspw. der Fall, wenn Machtzielen nachgegangen wird obwohl die Person eigentlich ein hohes Anschlussmotiv anstrebt.[49]

Auch wenn es den Studenten gelang diese Ziele zu verwirklichen welche nicht im Einklang mit ihrer impliziten Motive sind, führte dies trotzdem nicht zu einer Steigerung ihres emotionalen Wohlbefindens. Das Erfüllen von bedürfnisinkongruenter Ziele führte dazu, dass andere Ziele, welche zur Befriedigung ihrer Motive besser geeignet gewesen wären, vernachlässigt wurden. Folglich müssen die Studenten ein erhöhtes Maß an Anstrengung aufbringen um ein motivinkongruentes Ziel zu erreichen.[50] Dieser andauernde intrapsychische Konflikt hat negative Effekte auf Wohlbefinden, Lebenszufriedenheit sowie auf die Gesundheit des Menschen.[51]

---

[47] Vgl. Brandstätter et al., 2013, S.73-74
[48] Vgl. Brunstein, 2010, S.250; Brandstätter et al., 2013, S.
[49] Vgl. Brunstein, 2010, S.251
[50] Vgl. Brunstein, 2010, S.251
[51] Vgl. Brandstätter et al., 2013, S.74

3.3 Präventions- und Interventionsmaßnahmen

Puca und Schüler gingen der Frage nach warum manche Personen anfällig für Motivinkongruenz sind und andere nicht. Werden Ziele aufgrund von naiver Theorien oder quasirationaler Erwartungswertkalküle ausgewählt (wie z.B. Jura zu studieren um soziale Anerkennung zu erhalten und gut zu verdienen) wird dahingegen die emotionale Eigenschaft der Zielverfolgung ignoriert, was oftmals zur Folge hat, dass diese Ziele nicht mit den impliziten Motiven der Person koalieren.[52]

Brandstätter et al. konnten noch weitere Erklärungen für dieses Problem liefern. Sie gehen davon aus, dass manche Personen sich zu sehr am *sozialen Umfeld* orientieren und dabei ihre eigenen Affekte als wichtige Informationsquelle für das implizite Motiv vernachlässigen. Empirische Arbeiten von McClelland konnten diese Behauptung bestätigen, indem sie bewiesen, dass implizite und explizite Motive gut zusammenwirkten, wenn die Person ein gutes *Körpergefühl* („private body consciousness") und ein schwaches Maß an *Selbstüberwachung* („self-monitoring") besaß. Unter Selbstüberwachung versteht sich dabei die Selbstdarstellung im sozialen Umwelt um ein bestimmtes Selbstbild zu vermitteln.[53]

Eine weitere Erklärung für Inkongruenz ist die geringe Fähigkeit non-verbale (implizit) in verbale (explizit) Repräsentationen übersetzen zu können und umgekehrt. Diese Fähigkeit wird von Schultheiss et al. als *referentielle Kompetenz* („referential competence") bezeichnet und wird zudem als ein Persönlichkeitsmerkmal angesehen.[54]

Ein weiteres Persönlichkeitsmerkmal ist die Fähigkeit sich von Misserfolgen und Frustrationen schnell zu erholen. Die Rede ist hier von dem Konstrukt der *Handlungs- und Lageorientierung*. Eine handlungsorientierte Person schafft es sich eher von negativen Gefühlen zu lösen und zu einem Zustand der Entspannung zu gelangen, als eine lageorientierte Person. Somit fällt es handlungsorientierten Personen leichter Zugang zu ihrem impliziten Motivsystem zu haben um folglich die passende Zielwahl zu treffen.[55]

Bezüglich der Präventions- und Interventionsmaßnahmen gibt es bislang wenige Studien die an einer Reduktion der Motivinkongruenz ansetzen. Schultheiss (2001) lieferte jedoch Ergebnisse, die darauf schließen lassen, dass eine bildhafte Vorstellung des Prozesses der Verwirklichung eines Ziels eine wirksame Methode ist, um eine Kompatibilität zwischen Motiv und Ziel

---

[52] Vgl. Puca & Schüler, 2017, S.233
[53] Vgl. Brandstätter et al., 2013, S.74; Puca & Schüler, 2017, S.233
[54] Vgl. Brandstätter et al., 2013, S.74; Puca & Schüler, 2017, S.233
[55] Vgl. Brandstätter et al., 2013, S.74; Vgl. Brunstein, 2010, S.252

festzustellen. Bei dem hierzu passendem Experiment sollten sich die Teilnehmer vorstellen wie sie einen Konkurrenten in einem Computerspiel aus einer Rangliste werfen. Den Teilnehmer die ein hohes Machtmotiv besaßen fiel es leichter, als den Teilnehmer mit niedrigem Machtmotiv, sich die Konsequenzen der Verwirklichung des Ziels bildhaft vorzustellen, nämlich den Erstplatzierten zu entthronen indem sie nach und nach die Rangliste hoch stiegen. Dieses *Imaginieren von Zielen* kann wirksam als Methode der Prävention gegen Motivinkongruenz angewendet werden um Inkongruenz gar nicht erst aufkommen zu lassen und stattdessen Ziele zu setzen die zu den impliziten Motiven passen.[56]

Ist Motivinkongruenz bereits vorhanden, kann das *Mitteilen emotionaler Erlebnisse* („emotional disclosure") eine wirksame Interventionsmaßnahme sein um die negativen Folgen der Inkongruenz abzuschwächen. Eine weitere Methode ist das *Reflektieren der eigenen Tätigkeitsvorlieben*. Hierbei soll die Person sich bestimmte Fragen stellen um herauszufinden, welche implizite Motive die richtigen für sie sind: Welche Tätigkeiten erledige ich besonders gerne auch ohne Belohnung? Über welches erzieltes Ergebnis habe ich mich besonders gefreut?[57]

4. Literaturverzeichnis

Brandstätter, V., Schüler, J., Puca, R. M., Lozo, L. (2013). *Motivation und Emotion: Allgemeine Psychologie für Bachelor.* Berlin: Springer Verlag.

Brunstein, J. C. (2010). Implizite und explizite Motive. In: Heckhausen, J., Heckhausen, H. (Hrsg.), *Motivation und Handeln* (S.237-255). Berlin: Springer Verlag.

Deimann, M. (2007). *Entwicklung und Erprobung eines volitionalen Designmodells.* https://www.db-thueringen.de/servlets/MCRFileNodeServlet/dbt_derivate_00010890/html/chapter5.html#N10864.

Eder, A. B., Brosch, T. (2017). Emotion. In: Müsseler, J., Rieger, M. (Hrsg.), *Allgemeine Psychologie* (S.185-222). Berlin: Springer Verlag.

---

[56] Vgl. Schultheiss, 2001; zitiert nach Puca & Schüler, 2017, S.233; Vgl. Brandstätter et al., 2013, S.75
[57] Vgl. Brandstätter et al., 2013, S.75

Gerrig, R. (2018). Psychologie. In: Dörfler, T., Roos, J. (Hrsg.), *Psychologie* (21., aktual. und erweit. Auflage). Hallbergmoos: Pearson Deutschland.

Gollwitzer, P. M. (1995). Das Rubikonmodell der Handlungsphasen. In: Kuhl, J., Heckhausen, H. (Hrsg.), *Enzyklopädie der Psychologie. Teilband C/IV/4: Motivation, Volition und Handlung* (S.531-582). Göttingen: Hogrefe Verlag.

Goschke, T. (2017). Volition und kognitive Kontrolle. In: Müsseler, J., Rieger, M. (Hrsg.), *Allgemeine Psychologie* (S.251-315). Berlin: Springer Verlag.

Frenzel, A. C., Stephens, E. J. (2011). Emotionen. In: Götz, T. (Hrsg.), *Emotion, Motivation und selbstreguliertes Lernen* (S.15-77). Paderborn: Ferdinand Schöningh Verlag.

Heinze, D. (2018). *Die Bedeutung der Volition für den Studienerfolg: Zu dem Einfluss volitionaler Strategien der Handlungskontrolle auf den Erfolg von Bachelorstudierenden.* Wiesbaden: Springer Fachmedien.

Held, C. & Nowak, M. (2013). Biofeedback und Neurofeedback bei Abhängigkeitserkrankungen. In: Haus, K-M., Held, C., Kowalski, A., Krombholz, A., Nowak, M., Schneider, E. et al. (Hrsg.), *Praxisbuch Biofeedback und Neurofeedback* (S.235-26). Berlin: Springer Verlag.

Hoffmann, S., Payam, A. (2016). *Konsumentenverhalten: Konsumenten verstehen - Marketingmaßnahmen gestalten.* Wiesbaden: Spinger Fachmedien.

Hülshoff, T. (2012). *Emotionen: Eine Einführung für beratende, therapeutische, pädagogische und soziale Berufe* (4., aktual. Auflage). München: Ernst Reinhardt Verlag.

Kirchler, E., Walenta, C. (2010). *Motivation* (1. Auflage). Wien: Facultas Verlag.

Puca, R. M., Schüler, J. (2017). Motivation. In: Müsseler, J., Rieger, M. (Hrsg.), *Allgemeine Psychologie.* Berlin: Springer Verlag.

Rothermund, K., Eder, A. (2011). *Allgemeine Psychologie: Motivation und Emotion.* Wiesbaden: VS Verlag für Sozialwissenschaften.

BEI GRIN MACHT SICH IHR WISSEN BEZAHLT

- Wir veröffentlichen Ihre Hausarbeit,
  Bachelor- und Masterarbeit

- Ihr eigenes eBook und Buch -
  weltweit in allen wichtigen Shops

- Verdienen Sie an jedem Verkauf

Jetzt bei www.GRIN.com hochladen und kostenlos publizieren